Das alles kannst du selber machen:

Januar
Pfannkuchenberg
Seite 4

Februar
Fladenbrot
Seite 6

März
Nudeln in Käsesoße
Seite 8

April
Rosinenbrötchen
Seite 10

Mai
- Kartoffeln vom Blech
- Kräuterkäse
Seite 12

Juni
Erdbeer-Rhabarberspeise
Seite 16

Juli
- Himbeersoda
- Zucchinisalat
- Zitronentorte
Seite 18

August
Schafskäseblech
Seite 22

September
Gefüllte Tomaten
Seite 24

Oktober
Kürbissuppe
Seite 26

November
Sauerkrautsalat
Seite 28

Dezember
Silvesterbowle
Seite 30

Jetzt mag ich warme Pfannkuchen!
Hier habe ich sie würzig gefüllt; gut sind sie aber auch mit Marmelade.

Eier mit Salz, Milch und 1/4 Liter Wasser verquirlen
Mehl darunter rühren
Den Teig 30 Minuten ruhen lassen.
1
Inzwischen: Petersilie waschen und hacken
2
Den Backofen einschalten und die Füllung vorbereiten:
Schinken würfeln
Käse reiben
gekochte Erbsen (Mais)
3
Fett bei großer Hitze zerlassen, Teig hineingeben. Von beiden Seiten goldgelb backen.
← Schöpfkelle
4
Hitze kleinstellen, weitere Pfannkuchen backen und bestreuen:
zum Schluss nur Käse
Erbsen, Käse Petersilie
Schinken, Käse
Petersilie Erbsen, Käse
feuerfeste Platte →
5
Im Backofen bei 200 grad Gas Stufe 3 15 Minuten überbacken, bis der Käse geschmolzen ist.
6

6

Ist kein Brot da, back ich schnell knusprige Fladen. Sie schmecken zum Frühstück, zum Abendbrot – ich finde, sie schmecken immer!
Tipp: Das Fladenbrot wird weich, wenn du etwas mehr Wasser für den Teig verwendest.

Februar

Backofen ein-
schalten
auf 250 Grad
Gas: Stufe 5
Miteinander verrühren, kneten
Weizenschrot
Wasser, Öl
Salz
6-8 tennisball-
große Klöße formen:
Die Klöße auf ein Blech
legen und flachdrücken.
Im Backofen braun
backen
obere Schiene
10-15
Minuten
Die warmen Fladen
schmecken gut mit Ho-
nig und Butter oder
mit dem Kräuterkäse
vom Mai →

Nudeln ess ich für mein Leben gern! Dazu auf einem Extrateller: eine Fenchelknolle in feine Scheiben geschnitten.

1 2 Liter Wasser im großen Topf zum Kochen bringen, Salz dazugeben, Nudeln ins sprudelnde Wasser schütten

Nudelsorten:

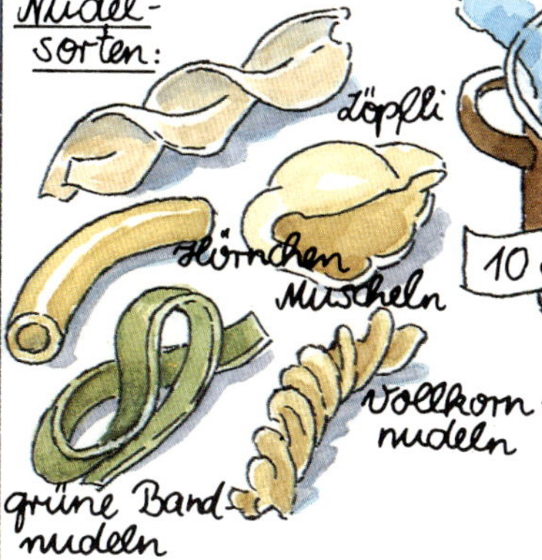

2 Die Schüssel für die Nudeln vorwärmen (z. B. mit heißem Wasser)

Sahne erhitzen, Käse daruntterrühren bis er geschmolzen ist.
(Erwachsene mögen zerdrückte Knoblauchzehe darin)
Bei kleinster Hitze warmhalten.

Inzwischen:

Käse grob auf einer Rohkostraspel reiben, einen Teller darunter stellen.

3 Wenn die Nudeln gar sind: (probiere sie vorsichtig)
in einen Durchschlag (Sieb) schütten, abtropfen lassen und in die vorgewärmte Schüssel geben.

Die Käsesoße kann darübergegossen werden.

Mit diesen Brötchen überraschte ich gerade den Osterhasen.
April, April!!!

500g Magerquark
6 Esslöffel Rosinen (125g)
2 Esslöffel Butter (Margarine)
3 Esslöffel Zucker
2 Eier
1 Teelöffel Salz
250g Mehl
3 gestrichene Teelöffel Backpulver
Fett für's Blech

Quark abtropfen lassen
1 Rosinen waschen und abtropfen lassen.
2 Geschirrtuch
Nacheinander verrühren (mit dem elektrischen Handrührer oder mit dem Quirl)
1 weiche Butter
Zucker
Eier
2 Quark
Salz
Backofen einschalten 200°
Zuerst langsam, dann schnell: Stufe 3
Mehl + Backpulver mischen darüber sieben
Zuletzt: Rosinen untermischen
Ist der Teig nicht fest genug, noch Mehl unterrühren (Die Häufchen dürfen nicht auseinander laufen!)
Backblech einfetten und Häufchen darauf setzen (mit Löffel + Teigschaber)
12 Stück
Im heißen Backofen bei 200 Grad
Gas Stufe 3
mittlere Schiene
30 Minuten
backen bis die Brötchen goldgelb sind.
Warm essen!

Alles neu macht der Mai …
Kartoffeln und Kräuterkäse sind ein schönes Frühlingsessen.

Kartoffeln vom Blech

Du brauchst
für 4-5 Personen:

1 kg neue Kartoffeln
(möglichst gleich große)
4 Teelöffel Öl
Salz und Kümmel
Dazu: Kräuterkäse

1. Kartoffeln gut waschen, mit der Gemüsebürste schrubben (Schale soll ja mitgegessen werden) und mit Haushaltspapier trocken tupfen.

2. Kartoffeln einmal längs durchschneiden.

4. Kartoffelhälften mit Öl bepinseln und würzen

3. Backblech mit Öl bestreichen (1 Teelöffel) Kartoffeln mit der flachen Seite nach unten legen.

5. Im heißen Backofen bei 225 Grad (Gas Stufe 4) je nach Größe 35 bis 45 Minuten backen.

6. <u>Garprobe</u>: Sind die Kartoffeln innen weich?

Kräuterkäse

Du brauchst:

250 g Magerquark
2-3 Esslöffel Milch
200 g Frischkäse
1 Bund Radieschen
Viele frische Kräuter:

1

Quark, Milch und Frischkäse cremig rühren (elektrischer Handrührer)

Auf Salz und Pfeffer kannst du verzichten. Die Kräuter geben die Würze.

2

Kräuter waschen, abtropfen lassen und hacken

Kräuter vorsichtig unterrühren
Löffel
Radies-chen waschen
und putzen
3

Radieschenmäuse "basteln":
Schlitze für die Ohren ein-schneiden
Scheiben für Ohren
4 Die Ohren einsetzen

Mit den Kartoffeln servieren

Frisch, fruchtig, aus des Gartens Hitze, dieser
Nachtisch ist wirklich spitze!

Rhabarber waschen und putzen:
Blätter abschneiden
Ende abschneiden
grobe Fasern abziehen
Erdbeeren waschen Blätter abzupfen,
4 zum Verzieren zurückbehalten,
in Scheiben schneiden
Rhabarber mit 1 Tasse Wasser + Zucker
Zum Schluss: Erdbeeren kurz mitkochen
1 Minute
bei großer Hitze weichkochen
Abgekühlt so in 4 Gläsern verteilen:
3. Schlagsahne
2. Erdbeer-Rhabarberspeise
1. Makronenstückchen

18

Für heiße Tage empfehle ich drei kühle Köstlichkeiten: Himbeersoda, Zucchinisalat und eine Zitronentorte.

Juli

Zucchinisalat

Du brauchst für 4 Portionen:
2-3 kleine Zucchinis
1 Becher saure Sahne (150g)
Salz, Zitronensaft (1 Teelöffel)
1 Bund Dill
ein paar Haselnüsse

Zucchinis waschen und in feine Scheiben schneiden, auf einen großen Teller legen.

Saure Sahne mit Salz und Zitronensaft verrühren. (Erwachsene mögen Zitronenpfeffer dazu.)
Die Soße über die Zucchinischeiben gießen.

Dill waschen, hacken und darüberstreuen.

Und zum Schluss: zerkleinerte Nüsse
Dazu schmeckt warmes Weißbrot!

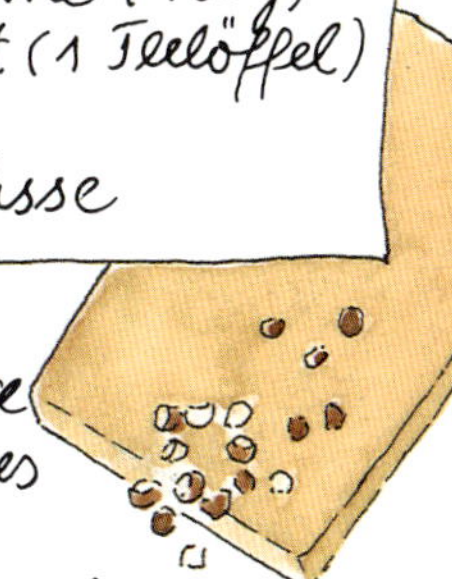

Du brauchst:

100 ccm Wasser = 12 Esslöffel
100 g Butter
1 Prise Salz
200 g Weizenmehl Typ 1050
2 Eier
250 g braunen Zucker
2 unbehandelte Zitronen
100 g Butter, etwas Mehl

Zitronentorte

Zum Rezept:

* Du kannst auch 2 Teelöffel backfertige Zitronenschale stattdessen nehmen.

** Vorsicht beim Herausnehmen! Die Torte wird erst nach dem Erkalten fest. Gut kühlen, mit Creme fraiche essen.

Für den Teig:

Wasser erhitzen, die Butter darin schmelzen

1.

Butterwasser mit Mehl und Salz verrühren,

2.

einen glatten Teig kneten und

kühlstellen

3.

Dann für die Füllung
Eier + Zucker schaumig rühren
3 Minuten
Quirl oder Handrührgerät
1.
1 Zitrone heiß abwaschen und die Schale abreiben
(auf einen * Teller)
Butterbrotpapier
2.
Von der 2. Zitrone eine Scheibe abschneiden (zum Verzieren)
3.
4. den Saft aus beiden Zitronen auspressen.
Zitronenschale *
Saft
weiche Butterstücke
nach und nach dazurühren
5.
Form mit Mehl bestäuben, Teig hineindrücken, dass ein Rand entsteht.
3cm
6.
7 Zitroneneiercreme hineingießen
8. Zitronenscheibe
Vorsichtig in den Backofen schieben
mittlere Schiene 200 grad Gas Stufe 3
40 Minuten backen.
**

22

Jetzt ist die Zeit gekommen, ein kleines Fest im Garten zu feiern. Da ist dieser leckere Imbiss gerade richtig.

Schafskäseblech

1 Paket tiefgekühlten Blätterteig (Teigblätter zum Auftauen nebeneinander legen, ungefähr 20 Minuten)

250 g bulgarischen Schafskäse
2 Eier, 3 Esslöffel Sonnenblumenkerne (Reformhaus), Mehl zum Ausrollen.

August

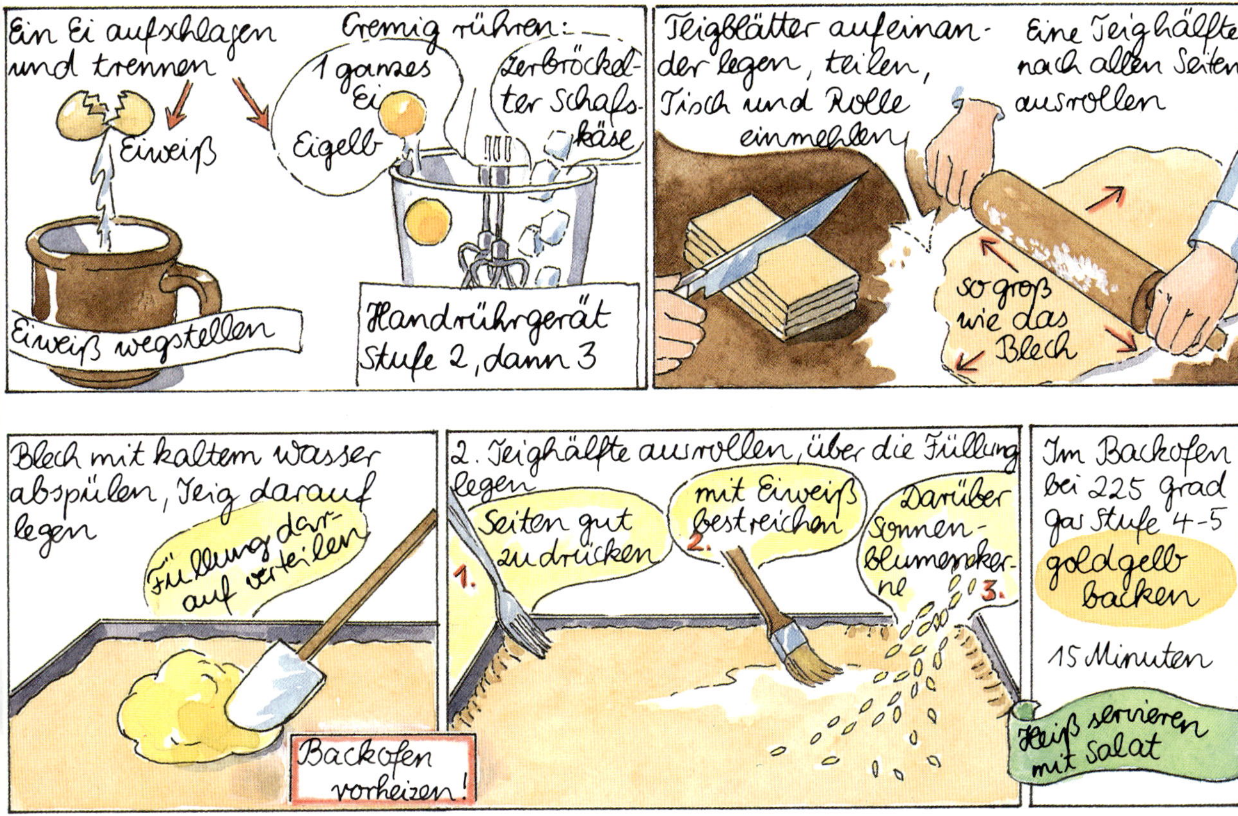
Ein Ei aufschlagen und trennen
Eiweiß
Eiweiß wegstellen
Cremig rühren:
1 ganzes Ei
Eigelb
zerbröckelter Schafskäse
Handrührgerät Stufe 2, dann 3
Teigblätter aufeinander legen, teilen, Tisch und Rolle einmehlen
Eine Teighälfte nach allen Seiten ausrollen
so groß wie das Blech
Blech mit kaltem Wasser abspülen, Teig darauf legen
Füllung darauf verteilen
Backofen vorheizen!
2. Teighälfte ausrollen, über die Füllung legen
1. Seiten gut zudrücken
2. mit Eiweiß bestreichen
Darüber Sonnenblumenkerne 3.
Im Backofen bei 225 grad Gas Stufe 4-5
goldgelb backen
15 Minuten
Heiß servieren mit Salat

Das ist mein liebstes Abendbrot in diesem Monat, weil es so gut schmeckt, wie es aussieht!

Gefüllte Tomaten

Für 4 Personen:
4 große Fleischtomaten
3 Eier
1 Bund Schnittlauch
1 Scheibe Schinken
etwas Essig und Öl, Salz

Die Eier mit einer Stecknadel anstechen, ins kalte Wasser legen und 10 Minuten kochen lassen.

Salatsoße:
1 Esslöffel Essig mit etwas Salz verrühren,
2 Esslöffel Öl darunterrühren

Abschrecken:
Eier unter kaltes Wasser halten

Die Salatsoße unter die Eier-Schinkenwürfel mischen,

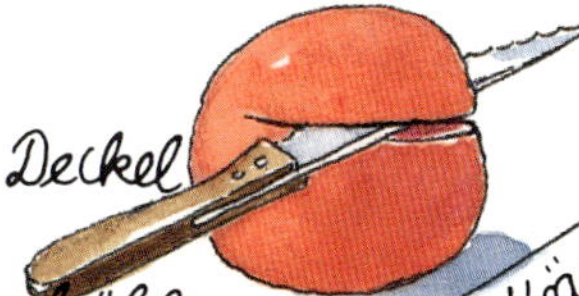

Den Tomaten den Deckel abschneiden, mit einem Teelöffel aushöhlen und füllen.

Schnittlauch schneiden

Eier würfeln (Eierschneider) Schinken würfeln

alles vermischen

gut auch mit Kräuterkäse (Mai) oder Sahnequark mit Meerrettich!

Diese herbstliche Suppe schmeckt mir noch besser mit gerösteten Brotwürfeln. Sie werden mit etwas Butter in der Pfanne gebraten.

Kürbiskerne entfernen (Du kannst sie später rösten)
Kürbisfleisch in Stücke schneiden
Zwiebel häuten, durchschneiden und würfeln.
Zwiebelwürfel bei kleiner Hitze in Butter dünsten
Kürbis dazugeben
Kürbisstücke kurz schmoren + umrühren
Heißes Wasser dazugießen (ungefähr 1 Liter) bis der Kürbis bedeckt ist.
Mit Salz würzen, leicht kochen lassen - ab und zu umrühren
≈ 40 Minuten
Wenn der Kürbis weich ist, die Suppe durch das Sieb drücken
Noch einmal aufkochen lassen, Sahne unterrühren und probieren:
Fehlt noch Salz?
Mit Petersilie bestreut in einer Schüssel servieren (oder im Kürbis)

Bei diesem Gericht habe ich sehr gelacht,
weil sauer so lustig macht …

Zwiebel abpellen, durchschneiden und würfeln:
Zipfel dranlassen
Zwiebelstücke mit heißem Wasser übergießen
Warum? So wird die Zwiebel nicht bitter!
Apfel waschen, vierteln und entkernen
in kleine Stücke schneiden:
Saure Sahne würzen und durchrühren
Pfeffer
Salz
Zucker
Mit dem Sauerkraut vermischen
saure Sahne
Apfelstücke
Zwiebelwürfel
Haselnüsse vierteln, darüber streuen, dazu schmeckt Fladenbrot *
* Vom Februar!

30

Zum letzten Fest im Jahr gibt es Kinderbowle, dazu bunte Eisstückchen.

Dezember